AF297585

LIVRET EXPLICATIF

DES

OUVRAGES D'ART ADMIS A L'EXPOSITION

DE LA SOCIÉTÉ

DES

AMIS DES ARTS DE PAU

HONORÉE DU PATRONAGE ET DE LA SOUSCRIPTION

DE S. M. L'EMPEREUR.

EXPOSITION DE 1868

Du 27 Février au 27 Avril.

Prix : 50 centimes.

PAU,

SALLES DE L'EXPOSITION,

AU MUSÉE DE LA VILLE

ard du Midi et rue Henri IV.

SOCIÉTÉ DES AMIS DES ARTS
DE PAU.

CINQUIÈME ANNÉE.

EXPOSITION DE 1868.

PAU, IMPRIMERIE É. VIGNANCOUR.

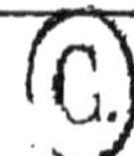

LIVRET EXPLICATIF

DES

OUVRAGES D'ART ADMIS A L'EXPOSITION

DE LA SOCIÉTÉ

DES

AMIS DES ARTS DE PAU

HONORÉE DU PATRONAGE ET DE LA SOUSCRIPTION

DE S. M. L'EMPEREUR.

EXPOSITION DE 1868

Du 27 Février au 27 Avril.

Prix : 50 centimes.

PAU,

SALLES DE L'EXPOSITION,

AU MUSÉE DE LA VILLE

Boulevard du Midi et rue Henri IV.

1868

EXPLICATION

DES SIGNES ET ABRÉVIATIONS.

Ment. hon.	Mention honorable.
Méd. 3e *cl.*	Médaille de 3e classe.
Méd. 2e *cl.*	Médaille de 2e classe.
Méd. 1re *cl.*	Médaille de 1re classe.

Les + indiquent des ouvrages appartenant aux Artistes et dant le prix est inscrit au Secrétariat.

✵, Chevalier de l'Ordre Impérial de la Légion-d'Honneur.

O. ✵, Officier id.

C. ✵, Commandeur id.

✵, Ordres étrangers.

AVIS.

—

L'Exposition est ouverte tous les jours de **midi** à **5** heures et le Dimanche de **10** heures à **5** heures.

Prix d'entrée :

Tous les jours de la semaine.   0 fr. 50 c.

Le Dimanche..............   0 fr. 10 c.

Nota. Les agents ne doivent accepter aucune gratification.

—

Les artistes exposants et les membres de la Société qui seuls ont droit à l'entrée gratuite, reçoivent des cartes qui leurs sont *exclusivement personnelles*.

Prêter ces cartes serait enlever à la Société une recette destinée à l'alléger d'une partie des frais de transport des tableaux.

Le produit des cotisations des membres de la société et les recettes de toute nature sont intégralement employés, déduction faite des frais, à des acquisitions d'œuvres d'art ayant figuré à l'exposition et qui seront, dans une loterie finale et en assemblée générale, réparties par la voie du sort entre les membres en raison du nombre d'actions souscrites par chacun d'eux. Chacune de ces actions donne un droit égal au tirage.

Le prix de chaque action est de *vingt-cinq francs,*

Est membre de la société, pendant l'année de sa souscription, toute personne ayant souscrit une ou plusieurs actions.

La liste des membres est affichée à l'entrée des salles de l'exposition.

On souscrit les actions soit chez M. Lenir, trésorier de la Société, rue Montpensier 14, soit dans le local même de l'expositiou au bureau de l'Agent.

EXTRAIT DES STATUTS

Adoptés en assemblée générale dans la Séance
du 29 avril 1863.

—

ART. 1ᵉʳ Une Société des *Amis des Arts* est fondée
à Pau dans le but de propager le goût des Arts et
d'en favoriser la culture et les progrès au moyen
d'expositions publiques et d'acquisitions d'objets d'art
choisis parmi ceux exposés.

ART. 2. Les objets d'art acquis par la Société sont
partagés par la voie du sort entre tous les sociétaires
porteurs d'une ou de plusieurs souscriptions nominales
de vingt-cinq fr. chacune.

CHAPITRE II.

ART. 23. La liste des membres ayant payé le mon-
tant de leur cotisation est placée à l'entrée des salles
et donne aux membres inscrits droit d'entrée gratuite.

Art. 24. Pendant toute la durée de l'exposition, une liste supplémentaire reste ouverte pour recevoir de nouvelles souscriptions.

Cette liste sera close le jour de la loterie qui sera ultérieurement indiqué.

Art. 27. Tous les ouvrages acquis par la Société sont distribués par la voie du sort en assemblee générale entre les membres souscripteurs en raison du nombre d'actions souscrites par chacun d'eux.

SOCIÉTÉ DES AMIS DES ARTS DE PAU.

PROTECTEUR : S. M. L'EMPEREUR.

Président d'honneur.

M. G. D'AURIBEAU (C. ✻) ✻ ✻ ✻ , Préfet.

COMMISSION ADMINISTRATIVE.

MM. Ch. LE COEUR , président.
STEWART ✻ ✻ , vice-président.
Comte de BEAUMONT ✻ ✻ , vice-président.
LARRABURE O. ✻ , Maire de Pau , député.
MANESCAU O. ✻.
SERS ✻ ✻.
NOCUÉ ✻.
Duc de PASTRANA C. ✻ , Grand d'Espagne.
LENIR ✻ , trésorier.
Paul BELIN , secrétaire.

Membres étrangers adjoints par la commission
pour compléter le jury de 1868.

MM. CHANDLESS.
CHEUVREUX.
LAFFOLYE.
N.....
N.....

LISTE

DES MEMBRES DE LA SOCIÉTÉ

Le jour du Tirage de la Loterie en Mars 1867.

S. M. L'EMPEREUR.

MM. *Adoue.

Airey.

Angosse (Marquis d').

*Auribeau, (G. d') préfet.

Arriu, négociant.

Augier de la Sausaie.

Barthe, avocat.

Bassy, négociant.

Basterrèche, ancien receveur général.

Basterrèche (Léon), banquier.

Baudit.

Blandin, avocat.

Blanchet, conseiller de préfecture.

Belin (Paul), percepteur.

Boala, négociant.

Nota. Les * indiquent les noms des membres qui ont souscrit plus d'une action.

MM. BORDES.

BOSCARY DE ROMAINE père.

BOSCARY DE ROMAINE (Henri).

BOUDERON, d'Oloron.

BRASCOU, président de chambre honoraire.

*BRUNTON.

BURON, banquier.

CARRÈRE, conseiller.

CASSAIGNE, membre du conseil général.

CASSOU.

CASENAVE, docteur-médecin.

*CHAMBRY, colonel en retratte.

CHANDLESS.

*CHESNELONG, député.

*CHEUVREUX.

CHURCH, vice-consul de S. M. Britannique.

DABBADIE, conseiller municipal.

*DARAN, docteur-médecin.

DARAN (Ernest).

*DARISTE, sénateur.

BARRAUTE (Comte de).

*BEAUMONT (Comte de).

BEAUPRÉ (de).

CADAVAL (de) aîné.

CADAVAL (de) jeune.

CARAYON-LATOUR (Baron de).

CARTAHGENA (Comte de).

.MM. Castarède (de).
Cherisey (Marquis de).
Coürrèges (de).
Coutouly (de).
Cumont (de).
Fanget (de), notaire.
Fonseca (Baron de).
Laussat (Baron de).
Lestapis (de), Jules.
Lestapis (de), Henri.
Luppé (Vicomte de).
Menvielle (de), membre du conseil général.
Musgrave-Clay (de), vice-consul d'Amérique.
Muxica (de).
Pardieu (Mlle de).
Pastrana (Duc de), Grand-d'Espagne.
Rechenberg (de).
Rességuier (de), sous-préfet de Mauléon.
Ribeaux (de).
Rippert (de).
Sallenave (Général baron de).
Salettes (de).
Vauville (Mme de).
*Drake del Castillo.
Drake (de Bilhères).
Duboué, docteur-médecin.
Ducluzel, artiste peintre.

MM. Dufau (Raymond).

Du Pont, inspecteur des haras.

Dupont, greffier au tribunal civil.

Durand (Auguste).

Durand-Fornas (Mme).

Du Rostu.

Duvigny.

Elie, receveur de l'Hospice.

Elout.

Fric, avocat.

Frouart, anc. direct. des contrib. indirectes.

Genreau, Ingénieur des Mines.

Gérard.

Gillis.

Girard (le commandant).

Glascow (Mme).

Guibert, ingénieur.

Guillemin, de Gan.

Gudin, artiste peintre.

Hachette.

Heid, négociant.

Hadingue.

Hudson.

Jobity (Mme).

Ibert, colonel, commd^t le Château Impérial.

Labordette, prés. du tribunal de commerce.

Lacadé, 1er adjoint.

MM. LACAZE , vérificateur des domaines.

LAFOLLYE, architecte du Château.

LAFORGUE , notaire.

LAMOTHE-D'IMCAMPS., conseiller général.

LARROUY (Fabien).

*LARRABURE , député.

*LARROZE.

LASLANDES.

LASLANDES (Paul).

LAZARE-LYON, négociant.

LÈBRE (Emile).

*LE CŒUR père.

*LE CŒUR fils.

LEJEUNE (Mme).

LEMOINE (Gustave).

LENIR, directeur des domaines ên retraite.

LESPY, professeur au Lycée.

LEVY, architecte.

LHÉRIE.

LONDY.

LOUPOT , architecte.

MANES , docteur-médecin.

MANESCAU père.

MANESCAU (Eugène).

MARX, négociant.

MENDEZ (Gustave).

MÉRILLON aîné , banquier.

MM. Mérillon jeune, banquier.

Michel.

Mignon, directeur d'une école communale.

Minchin (Le Colonel).

Minchin,

Monpays, négociant.

Montaut (L'abbé).

*Nogué, avocat.

*O'Quin, Trésorier-Payeur-général.

Palmer (Mme).

Pardeilhan-Mezin.

*Paturle (Mme).

Poeyarré, architecte.

Poeymirau, membre du conseil municipal.

Post.

Pron (Baron), préfet du Bas-Rhin.

Puységur.

Raymond, archiviste.

Ribeyro.

Rivarès père.

Rivarès fils, banquier.

Robert.

Roussille, négociant.

Russell-Killoug (Comte de).

St-Guily, architecte.

Sallé (Charles).

Samson.

MM. Sempé père, notaire honoraire.
Sempé fils, notaire.
*Sers, ancien sous-préfet.
*Stewart.
Subercaze, artiste peintre.
Taylor (Sir Alexander).
Tarras, docteur-médecin.
Thouard, notaire à Paris.
Tournier, négociant.
Van der Straten-Ponthoz.
Veronèse, imprimeur.
Vignancour, imprimeur.
Vignau, conseiller municipal.
Viguerie, négociant.
Viguié père.
Woorhove (Mme).
Zug-Mayer.

NOUVEAUX SOUSCRIPTEURS.

MM. Caron.
Cipriaut.
Druon, membre du conseil général.
Pallassau.
Lafourcade-Camarau.
Ginot.
Riout.

MM. Roye de Wichen (de).

Casenave de La Roche, docteur.

Marcotte de Quivières, conservateur des forêts.

Tallard, négociant.

Lagrolet, banquier.

Maurice.

Frémy (Paul).

Nairac (de).

Soulé, avoué.

Labétoure, entrepreneur.

Conte-Grandchamp, ingénieur en chef.

Pedeucoig, propriétaire.

Dufau (Paul).

Assche (Marquis d').

*Aguado (Comte O.)

*Wolkonski (Prince de).

Prevost.

Cogombles, membre du Conseil général.

Ribeaux (de), procureur impérial à St-Palais.

LOTERIE DE 1867.

	NOMS DES GAGNANTS. MM.	DÉSIGNATION DES LOTS.	TOILES GRAVURES.	AUTEURS MM.
1	Lespy.	Amis officieux.	T.	de Vos.
2	Genreau.	La St-Barthélemy.	G.	
3	Pron.	Ronde de nuit.	G.	
4	Barthe.	Le Ravissement.	G.	
5	de Castarède.	L'Alma.	G.	
6	J. de Lostapis.	Samson.	G.	
7	Baron de Carayon.	Jeune Italienne.	T.	Hayou.
8	Duc de Pastrana.	Marine.	T.	Bontabole.
9	Ray. Dufau.	Les Maraudeurs.	T.	Clairin.
10	Subercaze.	Marine.	T.	Bentabole.
11	A. Robort.	Raccommodage d'armes.	T.	Fouquet.
12	Comte de Barrauts.	Costumes Italiens.	G.	
13	Basterrèche, p.	Corinne.	G.	
14	Mme Lejeune.	Deux gravures.	G.	
15	Tournier.	Trois gravures.	G.	
16	L'abbé Montaut.	Faust et Marguerite.	G.	
17	Marquis de Luppé.	Chauffage d'un vapeur.	T.	Benard.
18	Mme Jobity.	Bernard de Palissy.	G.	
19	Mérillon aîné.	Deux gravures.	G.	
20	Lafollye.	L'Alma.	G.	
21	P. Dupont.	Les Mendiantes.	T.	Blanc.
22	de Menvielle.	Solférino.	G.	
23	Vigneau.	Corinne.	G.	
24	de Rechoinberg.	Le Compromis.	G.	
25	Le Cœur fils.	Paysage.	T.	Appian.
26	Montpays.	Deux gravures.	G.	

27	Zug-Mayor.	Faust.	G.	
28	Sempé père	Marine.	T.	A. Rozier.
29	F. Gérard	Le Départ.	T.	Jourdan.
30	Larroze.	Les Femmes.	G.	
31	Vignancour..	Deux gravures.	G.	
32	Sers.	Bohémiens.	G.	
33	Hadingue.	Samson.	G.	
34	Chevreux.	Raphaël.	T.	J. Salles.
35	Blanchet.	Fleurs et fruits.	T.	Roosemboon.
36	O'Quin.	Léonard de Vinci.	G.	
37	Poeymirau.	Intérieur rustique.	T.	Trinquier.
38	Lemoine.	Vierge à la Chaise.	G.	
39	H. de Lestapis.	Les Femmes.	G.	
40	Loupot.	Léonard	G.	
41	Baudit.	François Ier.	G.	
42	Vorhowe	Les Anges.	T.	Gennillo.
43	Duc de Pastrana.	Paysage.	T.	J. Rozier.
44	Chandless.	Palissy.	G.	
45	Chevreux.	Galerie des Femmes.	G.	
46	Stewart.	Ronde de nuit.	G.	
47	Mme Palmer.	Paysage.	T.	Deshayes.
48	Mme Paturle.	Chevaux arabes.	T.	Pasini.
49	Mancs.	Descente de Croix.	G.	
50	Docteur Daran.	Marine.	T.	Rohault.
51	Lébre fils.	Italiens	G.	
52	Mme Drake del Castillo.	Poste de Zouaves.	T.	Charpentier.
53	Ducluzel	Moutons.	T.	Brissot.
54	Church.	Ste-Elisabeth.	T.	Doze.
55	Adoue.	Mun de Salomon.	G.	
56	Raymond.	Trois gravures.	G.	
57	Frouart.	Deux gravures.	G.	
58	Baron de Laussat.	Ste-Agnès.	G.	

Liste des Ouvrages achetés à l'Exposition de 1867.

PAR LA SOCIÉTÉ.

MM.

Appian. — Paysage.   1

Bénard. — Chauffage d'un vapeur.

Bentabole. — Marine.

    do   do

Blanc. — Mendiantes italiennes.

Brissot de Warwille. — Moutons.

E. Charpentier. — Poste de zouaves.

Clairin. — Les Maraudeurs.

Devos. — Singes et Chiens.

Deshayes. — Paysage,

Doze. — Ste-Elisabeth faisant l'aumône.

Fouquet. — Raccommodeurs d'armes.

Genaille. — Les Anges.

Hayon. — Jenne Italienne.

Jourdan. — En route pour le marché.

Pasini. — Chevaux arabes.

Rohault de Fleury. — Marine.

Roosemboom. — Fleurs et Fruits.

A. Rosier. — Marine.

J. Rosier. — Paysage.

Salles. — Raphaël et la Fornarina.

Trinquier. — Intérieur rustique.

PAR LE MUSÉE.

MM.

de Bylant. — Bords du Rhin.

PAR DES AMATEURS.

Azo. — Femme Kabyle.

Blanc. — Pifferari dans Paris.

de Beul. — Les dénicheurs.

J. Content. — Intérieur d'écurie.

Daliphard. — Paysage.

Ducluzel. — Vue des Pyrénées.

Garnaud. — Narcisse (Statue T. C.).

Gibbon. — Paysage.

P. Hébert. — Statuette (bronze)

Lalaste. — Vue des Pyrénées.

    do   —   —

Legrand. — Mater dolorosa.

Ponthus-Cinier. — Paysage.

    do   —   do

A. Rosier. — Marine.

Staal. — Psyché.

Venat. — Rue de Laruns.

EXPLICATION

DES

Ouvrages admis à l'Exposition de 1868.

AVIS.

Tous les ouvrages dont l'indication est précédée du signe + appartiennent aux artistes et sont à vendre.

On peut prendre connaissance des prix sur un livret particulier déposé entre les mains de l'agent principal, dans les Salons de l'Exposition.

Le Président et le Secrétaire de la Société se mettent d'ailleurs à la disposition de MM. les Amateurs pour transmettre aux Artistes les offres qui pourraient leur être faites.

ACCARD (Eugène),

Né à Bordeaux (Gironde). Élève de M. Abel de Pujol.

1. + Le Ruban.
2. + La jeune mère.

ALBRESPY (André),

Né à Montauban (Tarn-et-Garonne). Élève de M. Cogniet. — *Paris, 26 rue Bergère.*

3. + Fruits.

AMABLE (Mlle),

A Tours.

4. + Fleurs.
5. + Fleurs.

APPIAN (Adolphe),

Né à Lyon. Élève de MM. Corot et Daubigny. — *A Lyon, 4, rue Juiverie.*

6. + Bords du canal du Bourget (Savoie)

ARMAND-DUMARESCQ (Ch.-Edouard),

Méd. Paris 1861, 1863. ❅ — *A Paris, 33, rue de Laval.*

7. + L'Hospitalier volontaire , Société internationale de secours aux blessés sur les champs de bataille.

ARNAUD-DURBEC ,

Né à Marseille. — *Marseille, 19, rue Chape.*

8. + L'attente.

AUTEROCHE (ALFRED),

Né à Paris. Élève de MM. Brascassat et L. Cogniet. — *Paris, 70, rue Rochechouart.*

9. ✛ Le Lièvre et les Grenouilles.

AZE (ADOLPHE),

Né à Paris. Élève de M. Robert Fleury. Med. Paris, 1851-1863. — *Paris, 1, Cité Gaillard.*

10. ✛ Marchand dans une rue d'Alger.

BAIL (ANTOINE),

Né à Chasselay (Rhône). — *Lyon, 12, place du Prince Impérial.*

11. ✛ Un chemin de village.

BALLIN (AUGUSTE-CHARLES-ALFRED),

Né à Boulogne-sur-mer (Pas-de-Calais). Élève de M. Jules Noël. — *Au Hâvre, 24, rue Marie-Thérèze.*

12. ✛ Intérieur du port de Boulogne-sur-Mer.

BARON ,

13. ✛ Un grand chagrin.

BAUDIT (Amédée),

Né à Lyon. Élève de M. Diday. Méd. Paris,
1859 et 1861. — *Bordeaux. 77, rue de l'église
St-Seurin.*

14. ✛ Sur les bords de la Seine.

BELLANGÉ (Eugène),

Né à Rouen. Élève de feu Hte Bellangé, son père,
et de M. Picot. Méd. Nantes, Rouen, Boulogne et Porto. — *Paris, 57, rue de Douai.*

15. ✛ Un soir de bataille (Italie).

> *(Esquisse terminée du grand tableau exposé
> à Paris en 1867.)*

16. ✛ Chemin normand; paysage.

> (*Souvenir de Trouville-sur-Mer.*)

17. ✛ La première sortie (soldat de la
ligue).

> (*Souvenir de Divonne.*)

BELLARDEL (Napoléon),

Né à Paris. Elève de MM. Ch. Landelle et Ange
Tissier. — *Paris, 39, rue de Douai.*

18. ✛ Porteuses d'eau de la place Saint-
Marc (Venise).

BÉNARD (Hubert-Eugène),

Né à Boulogne-sur-mer (Pas-de-Calais). Elève de
M. Jacquand. Méd. Amiens, Bourg, Metz, etc.
— *Boulogne-sur-mer, 3 et 15, rue de Calais.*

19. ✝ La rentrée au port (bateaux pé-
cheurs du Tréport-Normandie).

20. ✝ Déchargement du hareng (Boulogne-sur-Mer).

21. ✝ Ile de Jersey.

BENDORP,

Né à Dordrecht (Hollande). Elève de l'Académie.

22. ✝ Une promenade.

BENTABOLE (Louis),

Né à Paris. — *Paris, 22, rue Pigalle.*

23. ✝ Vue prise à St-Malo.
Exposit. Paris, 1866.

BERNARD (Philibert),

Né à Momesey (Vosges) élève de M. Barrias. —
Paris 81 Boulevard Montparnasse.

24. ✝ L'Amour s'échappant des bras de
Psyché.
Paris. Exposit. 1867.

BERTHA (Mad^lle),

Paris, 54, rue St-Georges (chez M. Bourges).

25. + Jeune homme pelant une pomme.

BESSÈDE (Henry),

Rue de Lyon à Libourne.

26. + Nature morte.
27. + Nature morte.
28. + Poissons.

BEUL (H. de),

A Bruxelles, 61, rue Neuve.

29. + Enfants et poules.
30. + Le combat de coqs.

BEUL (Laurent de),

A Bruxelles, 61. rue Neuve.

31. + Moutons.

BEYR (Eugène),

*A Strasbourg, chez M. Bræmer, Grand'rue
de l'Eglise.*

32. + La dispute à Schwindratzheim.
33. + Les joueurs de cartes.

BLANC-FONTAINE (HENRY),

Né à Grenoble (Isère). Elève de Cogniet. — *Grenoble Grande rue.*

34. + La cantatrice.

BOSQUIER (CHARLES-JOSEPH),

Né à Paris. — *Paris, 7, rue de la Tour d'Auvergne.*

35. + Le buveur.
36. + La servante.
37. + Apprêts du dîner.

BOUDIN (EUGÈNE-LOUIS),
Né à Honfleur (Calvados).

38. + Réunion sur la plage de Trouville, le soir.
39. + L'heure des bains [Plage de Trouville].
40. + Plage de Trouville.

BOUGOURD (AUGUSTE),

Né à Pont-Audemer (Eure) — *A Pau , chez M. Perrier, 4, rue Latapie.*

41. + Vue de la cascade du Valentin[fusin]
42. + Vue de la cascade du Diskoo [fusin].

43. + Vue prise aux environs des Eaux-
Bonnes [Fusin].

44. + Vue prise aux environs des Eaux-
Chaudes (Fusin)

BOULOGNE (Charles),

Né à Tournai (Belgique). Élève de Daubigny. —
A Paris , 19, rue Vintimille..

45. + Ruisseau sous bois.

46. + Landes du Gombo [Toscane].

47. + Le Tage près Tolède.

BOURGEOIS (Isidore),

Né à Vienne-le-Chateau (Hte-Marne). — *Nice, 87,*
Promenade dés Anglais.

48. + Hangar en Normandie (Aquarelle).

49. + Falaise d'Etretat (Aquarelle).

50. + Vue prise à Pont l'Evêque (aquarelle)

BOURGES (Pauline),

Né à Paris. Élève de MM. Salmon et E. Frère.
Méd. Nancy, Niort, Genève. — *Paris. 54, rue*
St-Georges.

51. + En allant à l'Ecole.

Feu BOUTERWECK (Frédéric),

Né à Tarnewitz (Prusse). Élève de MM. Delaroche et H. Vernet. ✠. — *Paris, 22, rue Duperré.*

52. + Joueurs d'échecs (Epoque de la jeunesse de Louis XIV).

53. + Les révérences.

Il passe vient et repasse, et toujours de plus belle
Me fait à chaque fois, révérence nouvelle,
Et moi qui tour à tour fixement regardais,
Nouvelle révérence aussi je lui rendais.
(MOLIÈRE, *Ec. des Femmes*, Act. II, Sc. VI.)

BOZE (HONORÉ),

Né à l'île Maurice. Élève d'E. Loubon. — *Paris, 30, rue de Bréda (chez M. Vielle).*

54. + Halte près d'un Marabout.

BRISSOT DE WARVILLE (FÉLIX),

Né à Sens (Yonne). Élève de M. L. Cogniet.

55. + Le Gué.
56. + Moutons dans la prairie.
57. + Paysage aux Pyrénées.

BROUSTET (Marius),

Né à Toulouse. Élève de M. Thierry. — *Toulouse, 47, allée St-Michel.*

58. + Vue de S' Bertrand de Comminges.
59. + Bords de l'Yonne.

BRUNEAU,

60. + Corbeille de fleurs printannières.
61. + Pavots.

BRUNNER-LACOSTE (Henri-Emile),

Né à Paris. Élève de MM. Faure et Brunner. Méd. Rouen. — *Paris, 5, place St-Michel.*

62. + Le bénitier fleuri.
63. + Fruits.

BURNAERT (Euphrosine, Mlle),

Né à Ostende. — *Rue de la Batterie 46, à Bruxelles.*

64. + Chemin à Villers (Brabant).

BYLANDT (Le Comte de),

Né à La Haye. — *Demeurant à Bruxelles.*

65. + Moutons (Ecosse).

CABAILLOT-LASSALLE ,

Né à Paris. Élève de M. Lassalle.

66. + La Convalescente.
67. + Orphelines.
68. + Le thé.
69. + La petite fileuse.

CARRÉ-SOUBIRAN (VICTOR),

Élève de M. Chasseriau. — *Paris, 16, rue Dou-
deauville.*

70. + La Lettre.
71. + Une paysanne (Puy-de-Dôme).

CASTETS-DESGRANGES ,

A Lyon, 7, rue Sainte-Catherine

72. + Nature morte (fusin).

CAZALS (EUSÈBE),

Né à Montpellier Elève de M. Hte Cazals. Méd.
1re classe. — *Toulouse, 22, rue Peyras.*

73. + Le temps faisant tourner les heures
(Allégorie).

CHABOU (Barthélemy),

Né à Toulouse. Élève de Paul Delaroche. Plusieurs médailles. — *A Toulouse*, 47, *rue de l'Archevéché*.

74. + Le bonheur des champs dans la campagne de Rome.

CHAGOT (Edouard),

Élève de M. Durand-Brager. — *Paris,* 47, *Avenue de la Reine Hortense*.

75. + Baie de St Hélier. (Jersey).
76. + Mountorgueil Castle (Jersey). (Aquarelle.)
77. + Souvenir de Malte. Le Speronare. (Aquarelle.)
78. + Marine (Aquarelle).

CHARTIER (Pierre),

Né à Béziers. — *A Béziers*.

79. + Marine (Plage d'Agde, embouchure de l'Orbe).
80. + Marine (Brick non lesté).
81. + Paysage (Avant l'orage).

CHEVILLARD (Vincent),

Né à Frascati (Italie). Élève de MM. Tirinelli , Picot et Cabanel. — *Paris, 64 rue de Larochefoucault, chez M. Metzmacher.*

82. + Paysage.

CHOLET (Louis),

Élève de J. Constant. Méd. à Périgueux. — *Libourne (Gironde).*

83. + Sous-bois (Bois de Salles).

84. + La pièce d'eau (Bois de Salles).

85. + Les fermes (Bois de Salles).

CLAUDE (Eugène),

Né à Toulouse. — *Paris, 38 bis, rue Fontaine St-Georges.*

86. + Chien d'arrêt dans les joncs.

87. + Cygne et Chevreuil. (Exposition de Paris, 1867.)

88. + Fruits.

CLOUET D'ORVAL (FRANCIS),

Né à Alençon. Élève de MM. Morin et T. Couture. Mention honorable à Alençon. — *Paris, 46, rue St-Lazare.*

89. + Bords de la Seine.

COCK (CÉSAR DE).

Né à Gand (Belgique). Méd. Paris, 1867. — *Paris, 8, rue Cassette.*

90. + Petit paysage en Flandre, le Moulin.
91. + Petit paysage en Flandre, un Chemin.

COMBES (VICTOR),

Né à Aix (Bouches-du-Rhône). Élève de M. Glaize. — *Paris, 24, rue du Louvre.*

92. + Autrichien blessé (guerre d'Italie).
93. + La popote, souvenir de route.

COMPTE-CALIX (FRANÇOIS-CLAUDIUS),

Né à Lyon. Élève de l'école des Beaux arts de Lyon. (Hors concours.)

94. + Le Marchand de statuettes.
(Aquarelle).

CONNINCK (Pierre de),

Né à Neteren (Nord). Elève de M. Léon Cogniet.
Méd. Paris; 1866. — *Paris, 27, rue Madame.*

95. + L'hymne à la Madone (souvenir
des pélérinages dans la campagne
de Rome).

CONSTANT (Alexandre),

Élève de M. Cogniet. — *Bordeaux, 136, rue de
Belleville.*

96. + Le pont de Mas-Alta.

CONSTANTIN (Auguste),

Né à Paris. Élève de M. Couture. — *Paris, 14,
rue de Lancry.*

97. + Laveuses en Normandie.
98. + Jeune femme.

CONTANT (Jules),

Né à Bordeaux. Élève de M. Picot. (Plusieurs
méd.) — *A Libourne (Gironde).*

99. + Les Maquignons.
100. + Le Ruisseau.
101. + La Charrue.

CONTANT (Juliette Mlle),

Né à Libourne (Gironde). Élève de M. Contant,
son père.

102. + Nature morte.

COSMANN (Maurice),

Né à Berlin. Naturalisé français. Elève de M. Eugène Lepoittevin. Méd. de Rouen, Blois, etc. ✠.
— *Paris, 17, rue Duperré.*

103. + Un factionnaire de la Ligue.

COUTOULY (Gustave-Louis de),

Né à Luneray (Seine-Inférieure). Élève de De-
veria. — *A Pau, rue de Gassies, 76.*

104. + Sardinières basques (Dessin).

COUTURIER (Léon-Philibert),

Né à Châlons-sur-Saône. Méd. Paris, et rappel.
— *Paris, 52, rue des Dames (Batignolles.*

105. + Basse-cour.

DAGRAND (Gustave),

Né à Bordeaux. Élève de J. Villiet. — *Bayonne, route de Biarritz.*

106. + Vitrail représentant St-Henry.
107. + Essai de paysage sur verre.
108. + Projets de vitraux pour la cathédrale de Bayonne et l'église Saint Pierre d'Orthez (5 Dessin).

DALIPHARD (Edouard),

Né à Rouen. Élève de MM. Morin et Quinaux Méd. Rouen 1862-1864. — *Poissy, 1, rue de Paris (Seine-et-Oise).*

109. + Un soir, Bords de la Seine près Carrières sous Poissy.

110. + Une rue à Bouillancourt-en-Sery (Somme).

111. + Une Chaumière normande à Fontaine-les-Blangy (Seine-Infér.).

DARTIGUENAVE (Alfred),

Né à Pau. Élève de l'école des Beaux Arts. — *31, rue du Lycée à Pau,*

112. Portrait du jeune S. en costume de montagnard.
113. + Une Andalouse.

DECAEN (Alfred-Charles-Ferdinand),

Né à Paris. Élève de MM. Drolling et Couture·
Paris, 54, rue N. D. de Lorette.

114. + Petit valet de chiens avec un relai
sous bois.

DELMAS (Jean-Baptiste , l'Abbé),

Né à Oloron. Élève de M. l'abbé Montaut.

115. + Paysage au fusin.

DESBROSSES (Léopold) ,

Élève de MM. Paul Delaroche et Corot. — *Paris,*
36, route de Châtillon (Montrouge).

116. + La Menagère.

DESHAYES (Charles-Félix-Edouard),

Né à Toulon (Var). Méd. 3e classe, Eposition des
Beaux Arts appliqués à l'Industrie, Paris 1863.

117. + Matinée de Septembre sur les
bords de la Seine

118. + Matinée de Printemps sur les bords
de la Seine.

119. + Journée d'Eté sur les bords de la
Seine.

120. + Soleil couchant sur les bords de
la Seine à Neuilly.

DESHAYES (Eugène),

Né à Paris. Élève de son père.

121. + Intérieur de Forêt avec animaux.

DESJARDINS (Louis-Léon),

Né à Amiens (Somme). Élève d'Horace Vernet.
Méd. à Rouen 1862 et 1864. — *Guéret (Creuse.)*

122. + Chaumière (Creuse).
123. + Ruisseau près Glénic (Creuse).
124. + Chemin sous bois, étude (Creuse).

DEVAUX (Jules-Ernest),

Né à Melun. Élève de M. Guillemin.

125. + Le nouveau tambour.

DEVOS ,

Né à Courtray. Élève de l'Académie. — *Rue
Neuve, 64, à Bruxelles.*

126. + Chasseurs de Rats.
127. + Le Général Coco.

DILLENS (Adolphe),

Né à Gand. Élève de l'Académie ✠ — *Rue Neuve, 64, à Bruxelles.*

128. ✝ Pour avoir chaud quand il fait froid.
129. ✝ La querelle.

DOZE (Jean-Marie-Melchior),

Né à Uzès (Gard). 12 méd. argent, vermeil et or, obtenues à diverses expositions, et mentions honorables à Paris 1864 et 1863. — *Nimes, 19, Grand cours.*

130. ✝ Une femme plumant un poulet.
131. ✝ Composition des peintures murales formant l'hémycicle du chœur de l'Eglise de Saint Gervasy (Gard), représentant les 12 apôtres, Saint Gervais, Sainte Hélène et Saint Louis.

DUCLUZEL (Théodore),

Élève de Moret. — *A Pau, 19, rue du Lycée.*

132. ✝ Vue prise près de Laruns.
133. ✝ Vue prise de la vieille route des Eaux-Chaudes.

(Appartient à M. L...)

DUMESNIL (Jules),

Né à Paris. Élève de M. A. Véron. — *4, boulevard de l'Hôpital, à Paris.*

134. + Vue prise à Boulogne.

DUPRÈ (Victor),

Né à Limoges. Elève de M. Jules Dupré. Méd. 3e classe Paris 1849. — *Paris, 15, rue Neuve des Petits Champs, chez M. Marchand.*

135. + La Chaumière aux canards.

ELMERICH (Charles),

Né à Besançon. Élève de Guérin de Strasbourg. — *A Paris, quai de la Tournelle, 37.*

136. + Intérieur de Paris. (Exposition de Paris.)
137. + Un Verger à Valmondois. (Exposition de Paris.)

ESCOSSURA (Léon-Ignacio),

Né à Asturies (Espagne). Élève de M. Gérôme. — *Paris, 7, rue Chaptal.*

138. + Joueur de flûte.

FAURE (Jules),

Lyon, 12, quai de l'Archevéché.

139. + Fleurs des champs.

FAUVEL (Hippolyte),

Né à Amiens (Somme). Elève de M. A. Yvon. — *Paris, 39 rue de Douai.*

140. + Bois de sapins à Astie (Etats pontificaux) .

141. + Marine, vue de Capri (Italie).

FEYEN-PERRIN (Auguste),

Né à Ray-sur-Seille (Meurthe). Elève de MM. L. Cogniet et Yvon. Méd. Paris 1865-1867. — *Paris, 28, rue Mazarine.*

142. + Café chantant en plein air.

FINES (Eugène) ,

Né à Paris. Elève de Auguste Hesse et de L. Cogniet. — *A Paris, 42, rue Fontaine Saint-Georges.*

143. + Consolation.

FONTENAY (Alexis de),

Né à Paris. Elève de MM Hersent et Watelet.
Méd. Paris, 1841, 1844. Rappels 1861-1863. —
Paris, 8, quai de l'Ecole.

144. + Ruines du château de Machicoul
(Loire-Inférieure).

FOREST (Ernest),

Né à Oloron. Élève de M. Gudin. — *A Oloron
(Basses-Pyrénées.)*

145. + Crépuscule.

FORTIN ,

146. +

FOUQUE (Jean-Marie),

Né à Arles (Bouches du Rhône). Élève de MM.
Cogniet et de Parade. Méd. Paris 1867. — *Paris, 26, rue Pigale.*

147. + Les dernières recommandations.
(Exposition de Paris 1867.)

FOUQUET (Louis-Vincent),

Né à Orléans (Loiret). Elève de M. Decaen. Méd.
de 2ᵉ classe en 1833 Paris. — *Paris, village
des Lilas, ancien Romainville.*

148. + Un Contrebandier.

GAITET (Louis),

Né à Marsannay-la-Côte (Côte d'Or). Élève de M. Picot. — *Dijon, 18, rue Piron.*

149. + L'Angélus.

150. ± La plumeuse de volailles.

GALOS (Victor),

Né à Pau. — *Demeurant à Pau, rue Tournante-Gassies.*

151. ± Le Pont d'Idron, environs de Pau.

152. + Les montagnes des Eaux-Bonnes.

153. + Un chemin creux à Billère.

154. + La côte du phare à Biarrits.

GAMBOGI (Mme Fanny),

A Marseille, 124, rue de Breteuil.

155. + La lavandière.

GAMBOGI (Emile),

Né à Naples. Méd. Toulouse, Moulins et Besançon. — *A Marseille, 124, rue de Breteuil.*

156. + Jeune fille au billet.

GAUME (Henri-René),

Né à Clamort (Seine). — *Paris-Montmartre, 4, Impasse Cauchois.*

157. + Le Miroir.

GAUTIER (Armand),

Né à Lille (Nord). Élève de M. L. Cogniet. Méd. or et argent, Mentions à Paris. — *Paris, 8, rue d'Isly.*

158. + L'Eglise de Honfleur.
159. + Clair de lune.

GÉLIBERT (Jules),

Né à Bagnéres-de-Bigorré (IItes-Pyrénées). Ment. hon. Paris 1861. Méd. Nîmes, Montpellier. — *A Dammarie-les-Lys par Melun (Seine-et-Marne)..*

160. — Un relai d'équipage de M. le Vte Aguado.

GIBBON (Joseph-Fortuné),

Né à Turin (Italie). Élève de MM. Humbert et Leygue. — *Paris, 25, rue Humbolt.*

161. + L'approche de l'orage.
162. + Les pommiers du presbytère.

GRANDMAISON (Mlle Louise),

Née à Salins (Jura).

163. + La liseuse.
164. + La bonne.

GROISEILLIEZ (Marcellin de),

Né à Paris. Élève de Pasini. Méd. Rouen 1864
— *Paris.* 78, *rue de Provence.*

165. + Les bords de la Creuse.
166. + Une route dans les Ardennes.

GROSS (Madame),

Né à Munich. — *Pau, rue du Château.*

167. + The sea schore.
168. + Marine.

GUERARD (Amédée),

Né à Sens (Yonne). Élève de M. Picot. Méd.
Rouen, etc. — *Paris, 37, rue Fontaine St-Georges.*

169. + Au coin de l'âtre.

GUÈS (Alfred),

Né à Montargis (Loiret). Elève d'Horace Vernet.

170. + La confidence.

GUICHARD (Joseph-Alexandre),

Né à Marseille. Élève de MM. Isabey et Durand Brager. Méd. Nîmes 1867. O ✳.—*Marseille, 51, aux Chartreux.*

171. + Vue prise à St-Raphaël (Côtes de Provence.)

GUIGOU (Paul),

Né à Villars (Vaucluse) élève de M. Loubon. Méd. Périgueux 1864. — *Paris, rue de la Tour d'Auvergne* 38.

172. + Vue de St-Saturnin les Apt (Vaucluse).

173. + Les bords de l'Aiguebrou à Lourmarin (Vaucluse).

174. + Soleil couchant (Provence).

GUILLAUMET (Gustave),

Né à Paris. Élève de MM. Picot et Barrias. Méd.
Paris 1865.

175. — Ain Kerma (source du figuier),
Smala de Tiaret en Algérie.
(Exposition Paris 1867).

(Donné par S. M. l'Empereur au Musée
de la ville de Pau.)

GUILLAUME (Ernest),

Né à Paris. Élève de M. Biennoury. Mention
honorable Paris. — *Au Château de Fours
(Eure.)*

176. +
177. +

GUILLEMER (Ernest),

Né à Senlis (Oise).

178. + Bords de la Seine à Samois (Seine-
et-Marne).

GUILLON (Adolphe),

Né à Paris. Élève de MM, J. Noël et Gleyre. Méd.
Paris 1867 — *Paris, 96 bis, rue de l'Ouest.*

179. + Souvenir de Mortefontaine.

HAYETTE (Valéry),

Né à Lyon. Élève de MM. L. Cogniet et Pils. — *Paris, 42, rue de Madame.*

180. Le + premier pas.

HÉBERT (Paulin),

Médailles à Rouen, Metz, Nevers et Boulogne-sur-Mer. — *A Paris, 7, rue de Lancry.*

181. + Intérieur de cour.
182. + Jeune fille à la fontaine.

HERWEGEN et SALENTIN.

183. + { Intérieur d'une église par Herwegen.
Capucin en prière par Salentin.

HUE (Charles),

184. + La Méditation.

HUGUET (Victor),

Né à Lude (Sarthe). Élève de M. Loubon.

185. + Abreuvoir en Afrique.

JALABERT (Jean),

Né à Carcassonne (Aude). Élève de MM. Ingres et P. Delaroche. — *Carcassonne, 10, boulevard des Jacobins.*

186. ✝ Le Boucher et l'Agneau ou la force vaincue par l'innocence.

JOULIN (Lucien),

Né à Paris. Élève de MM. Barrias et Palizzi. — *Paris, 196, rue de Rivoli.*

187. ✝ Raisin à la treille.

188. ✝ Entrée du faubourg de Salins (Jura).

JOURDAN (Théodore),

Élève d'E. Loubon. — *Rue Terrasse, 41, à Marseille.*

189. ✝ L'Abreuvoir.

KOCK (Mlle Yvonne de),

Née à Versailles. Élève de L. de Kock, son père. Méd. à Rennes, St-Brieuc et Angers. — *Au Van de Cernay, par le Perray (Seine-et-Oise).*

190. ✝ Nature morte. Panneau décoratif.
Exposition de Paris en 1867.

191. ✝ Vue de la Loire près Saumur.
Exposition de Paris en 1866.

KUWASSEG (Charles),

Né à Dravil (Seine-et-Oise.). Élève de M. Kuwas-
seg, son père, et de M. Durand-Brager.

192. + Vue du port de la Tamise.
193. + Grand canal (sud) Venise.
194. + Grand canal (nord) Venise.

LABOR (Charles),

Né à Béziers (Hérault). Méd. Toulouse 1865,
Alby 1866. — *A Béziers (Hérault)*.

195. + Souvenir d'une soirée sur les côtes
d'Espagne.
Exposition de Paris, 1866.

LAGE (Mlle Marie de),

Née à Limoges. Elève de M. Cœdès. — *Rue
Porte-Neuve , 8, à Pau ; rue de Bruxelles ,
5 , à Paris.*

196. Portrait d'enfant, pastel.
197. Etude au fusin et sanguine.
198. Etude au fusin et sanguine.

LAGRANGE (Annet-Gustave-Paul),

Né à Limoges (Haute-Vienne). — *Limoges, 18, rue Manigne.*

199. + Vieux Reitre.
200. + Jeune Mousquetaire.

LALANNE (Maxime),

Né à Bordeaux. Élève de Jean Gigoux. Médaille Paris 1866. — *5, Boulevard Montmartre, Paris.*

201. + Vue de Paris prise du pont de la Concorde, Eau forte.

LANGEROCK (Henri),

Marseille, 14, rue Pavillon.

202. + Effet du soir à St-Pierre d'Entremont (Isère).

LANSYER (Emmanuel),

Né à l'Ile Bouin (Vendée). Élève de MM. Courbet et Harpignies. Méd. Paris 1865. — *Paris, 81, Boulevard Montparnasse.*

203. + Matinée de septembre à Douarnenez (Finistère).
Tableau médaillé au salon de 1865 et admis à l'Exposition universelle de 1867.

LAPITO (AUGUSTE),

Né à Joinville-le-Pont (Seine). Élève de Heim et de M. Watelet, hors concours ✾ ✾ — *Paris, 29, rue Ste-Anne.*

204. + Vue prise dans la vallée de Subiaco (Etats romains), aquarelle.

205. + Vue prise aux environs de Pont-l'Évêque (Normandie), aquarelle.

LAYS,

Élève de M. St-Jean. Méd. Lyon, Genève, Dijon, etc. — *Lyon, 41, rue Ste-Hélène.*

206. + Un bouquet déposé sur un banc.

LEBEL (EDMOND),

Né à Amiens (Somme). Élève de M. L. Cogniet. Méd. Amiens 1861, Bayonne 1863, 1864. — *Paris. 35, rue Capron-Forest (Batignolles).*

207. + Le retour de la messe des Rameaux.
208. + La leçon de flûte (Sorrento).
209. + Enfant Italien (Alvito).

LECOMTE-CHERPIN (Mme),

Lyon, 5 place du Gouvernement.

210. + Panneau décoratif représentant de jeunes gazelles au désert de l'Isthme de Suez.

211. + Fleurs.

LECONTE (Edouard),

Né à Douai (Nord). Élève de M. Harpignies. — *Paris, 39, rue Bonaparte (chez M. Blanchet).*

212. + Vallée de Cernay.

213. + Entrée du village de Cernay (effet du soir).

LEGRAND (Alexandre),

Né à Paris. Élève de M. L. Cogniet. — *Paris, 15, quai Bourbon.*

214. + Régina Cœli.

LE ROCH (Joseph-Toussaint),

Né à Vannes (Morbihan). Elève de M. Comte — *A Saumur, 104, rue d'Orléans.*

215. + Une grosse mer sur les côtes de Bretagne.

216. + Marine, effet du matin (Bretagne).

217. + Moulin dans le brouillard (Morbihan)

LESPINASSE (PAUL),

Né à Lauzerte, (Tarn-et-Garonne). Élève de M.
l'abbé Montaut. —*A Oloron (Basses-Pyrénées).*

218. + Vue de montagnes, aquarelle.

LEUB (FRANÇOIS DE),

Né à Termonde (Belgique). — 64, *Rue Neuve,*
à Bruxelles.

219. + Enfants de Scheveningue.
220. + La Lavandière.

LEVIS (HENRI-JEAN-BAPTISTE),

Élève de MM. Lambinet et Berthon. — *Paris,*
34, rue Labat (Momtmartre).

221. + Chevaux à l'abreuvoir de Meudon.

LÉVIS (JEAN-BAPTISTE),

Né à Paris. Élève de MM. Veyrassat.. — *Paris,*
Boulevard de l'Hôpital, 4.

222. + Paysage pris à Poissy.
223. + Auberge près Poissy.

LHOTE (JULES),

Né à Boulogne-sur-mer , (Pas-de-Calais). — *St-Omer, 18, Petite place.*

224. ✝ Rochers de la Crèche (Boulogne-sur-Mer).
225. ✝ Perdrix et Fraises.

LONGCHAMP (Mlle HENRIETTE),

Né à St-Dizier (Haute-Marne). Méd. Paris 1847 et 1848. — *Paris, 38, rue de Sèvres.*

226. ✝ Fleurs dans une coupe.
227. ✝ Reines Marguerites.

MAGLIONE (ANDRÉ),

Marseille, 3, quai Rive Neuve.

228. ✝ Cavalier traversant un gué, plage de l'embouchure du Rhône.

MARCHAUX (AIMÉ),

Elève d'Hébert.

229. ✝ Jeune fille aux sequins, souvenirs de la Valachie.
230. ✝ L'innocence.
231. ✝ La petite jardinière.

MAUMÉJEAN (JULES PIERRE),

Né à St-Étienne-Bayonne. Méd. 2 Mentions honorables. — *A Pau, 12, rue Pont Croutzet.*

232. + Vitrail représentant l'Ange du Châtiment et l'Ange des Récompenses.

233. + Vitrail représentant le Christ chez les Pharisiens.

234. + Un médaillon (Rubens).

235. + Un médaillon (tête de Vieillard).

MAURICE,

A Billère, près Pau.

236.   (Aquarelle).
237.   (Aquarelle).
238.   (Aquarelle).

METZMACHER (EMILE),

Né à Paris. Élève de Boulanger (Gustave). — *Paris, 64, rue Larochefoucauld.*

239. + Femme bédouine de la tribu de Gawarhim de Riha (souvenir de Jéricho).
Expos. Paris, 1867.

240. + Un fellah Egyptien (dessin).

MONTAUT (L'ABBÉ XAVIER),

Né à Oloron (Basses-Pyrénées). Élève de M.
Chouppe d'Orléans. Méd. Oloron.

241. + Ste Barbe.
242. + Le Christ ressuscité.
243. + A Estos, le soir.
244. + Souvenir de St-Christau.

MONTFALLET (ADOLPHE-FRANÇOIS).

Né à Bordeaux. Élève de MM. Drolling, Picot
et Yvon. — *Paris, 17, quai Voltaire.*

245. + Les soins maternels.

MOORMANS (FRANÇOIS-LÉONARD),

Né à Rotterdam (Hollande). Élève de l'Académie des Beaux-Arts d'Anvers. — *Paris, 4,
boulevard de l'Hôpital, chez M. Dumesnil.*

246. + La nourrice.

MOUCHOT (LOUIS),

Né à Paris. Élève de MM. Drolling et Belloc.
Méd. Paris 1865, 1867. — *Paris, 70 bis, rue
Notre-Dame des Champs,*

247. + Une rue au Caire.

MOULIGNON (Léopold de),

Né à Pontoise (Seine-et-Oise). Élève de MM. Delaroche et Picot. Ment. hon. Paris 1862. — *Paris, 36, rue de Bruxelles.*

248. + Le rêve de Sybille. (Tiré du roman de Mr. O. Feuillet.)

MOULINET (Edouard-Joseph),

Né à Cloyes (Eure-et-Loir), Élève de MM. Gleyre et Giraud.

249. + Le retour des champs.

MOYNET (Pierre),

Né à Paris. Élève de MM. L. Cogniet et Gué. — *Faris, 29, rue Corbeau.*

250. + Monastère de Troitza près Moscou.
Exposit. de Paris. 1867.

MURATON (Mad. Euphémie),

Née à Beaugency (Loiret). Élève de M. Muraton. *Chez M. Klein, 8, rue de l'Aiguillerie.*

251. + Nature morte.
252. + Nature morte.

NICOLLE,

253. +

NOÉL (JULES),

Né à Quimper. Élève de M. Charioux, à Brest.
Méd. 3ᵉ cl. (Passage 1853).

254. + Marché à Abbeville (Somme).

NOTERMAN (ZACHARIE),

Né à Gand (Belgique). Élève de M. Van der
Haerd et de l'Académie royale d'Anvers.

255. — Je l'ai vu.... Moi je l'ai senti...
Appartient à M. Dauzon.

256. + Le Chenil.

OLIVIÉ (LÉON),

Né à Narbonne (Aude). Élève de MM. Cœdès et
L. Cogniet. — 10, *rue des Saints-Pères, à Paris.*

257. + Jeune enfant, Etude.
Exposit. Paris. 1866.

OLIVIER (Mᴵˡᵉ JOSÉPHINE),

Lyon, 28, Cours Morand.

258. + L'Enfant malade.

OUVRIÉ (JUSTIN),

Né à Paris. Élève de Abel de Pujol, de M. Taylor et de M. Châtillon. Méd. 1834, 1843. ✳. univ. Hors concours.

259. + Le Château de Montorgueil (Ile de Jersey).

260. + Falaises d'Etretat, aquarelle.

PATROIS (ISIDORE),

Né à Noyer (Yonne). Membre de l'Académie de Rotterdam. Méd. Paris 1861, 1863, 1864. Hors concours. — 34, *avenue d'Eylau, à Paris, Passy.*

261. + Nouvelles de l'Armée : Soldats Louis XIII.

PECRUS (CHARLES),

Né à Limoges.

262. + La Correspondance.

PINTA (AMABLE-LOUIS),

Né à Hervy (Aube). Élève de Dupuis. — 22, *rue Linné, à Paris.*

263. + Un ancien marché de Paris.

PODOLECKI (Thadée),

Né en Pologne. Élève d'E. Devéria. — *A Pau,*
18, rue Loy.

264. + Paysage (au-dessus de la cascade
     du Cerizet près de Cauterets :
     effet du matin.)
265. + Vallée d'Ossau (Vue prise à Sévi-
     gnacq : effet du soir).

PIOT (Adolphe),

Né à Digoin (Saône-et-Loire). Élève de M. L.
Cogniet. — *24, quai Malaquais, à Paris.*

266. + Tête de jeune fille Italienne. (Exp.
     de Paris 1867).

PIQUENOT (Prosper),

Né à Paris. Élève de son père. 2 méd. — *A Pau.*
maison Bachouet.

267. + Vue de Pessac près Bordeaux :
     (Mine de plomb).
268. — Souvenir de Pau, idem.
     Appartenant à M. N.
269. + Montagnes, idem.
270. — Portrait de l'auteur, idem.
     Appartenant à M. L.

PONTHUS (Cinier),

Né à Lyon. Élève de P. Delaroche. Méd. Marseille.

271. + Forêt marécageuse.
272. + Le Revers, Mont (Ain).
273 .+ Vallée du Drac.

PORTE (Mme Adèle de la),

Née à Paris. Élève de Steuben. Méd. Périgueux, Bayonne, Genève. — 22, *rue St-Dominique, à Paris,*

274. + Chien Terre Neuve.
275. + Chien.
276. + Chien.

POST,

277. + Paysage Italien (Torre del Greco).

PRADELLES (Hippolitte),

Né à Strasbourg. Élève de M. Guérin. Méd. à la Rochelle 1866. — *Rue de Cheverus, 25, à Bordeaux.*

278. + Garenne aux environs de Bordeaux.
279. + Marchande d'allumettes.

PUYROCHE WAGNER (Mme Elise),

Née à Dresde (Saxe). Membre de l'Académie de Dresde. — *A Lyon, 38, chemin de Montessuy.*

280. + Groupe de raisins dans une coupe.

RABIER (Narcisse-Albert).

Né à Marchenoir (Loir-et-Cher.) Élève de Francis Blin. — *Quai des Augustins, 8, à Orléans.*

281. + Nature morte.
282. + Retour du marché.

RASPAIL Fils (Benjamin),

Né à Paris. Élève de V. Delacroix. — *A Cachan (Seine).*

283. + Nid de Pinson.
284. + Perdrix vieux mâle et Canard criquart.
285. + Linot et Mésange bleue.

REYNOARD (Joseph),

Né à Bellene (Vaucluse). Mention honorable à Nîmes. — *5, place Bouquerie, à Nîmes (Gard).*

286. + La Charité.

RENAULT (Victor),

Né à Fontenay-Fleury (Seine-et-Oise). Élève de Delaroche et H. Vernet. — *A Versailles , 30, rue Richaud.*

287. + Après la victoire, Épisode de la guerre d'Italie.
288. + Une ferme en Normandie.

REYNAUD (François),

Né à Marseille. Méd. Paris 1867. Élève de E. Loubon.

289. + Italienne à la fontaine.

RHEM (Jules-Edmond),

Né à Maromme (Seine-Inférieure). Élève de Pasini. — *A Paris, 8, rue Pigale.*

290. + Paysage.
291. + Nature morte.

RICHTER (Edouard-Frédéric-Wilhelm),

Né à Paris. Élève de l'Académie royale d'Anvers et de M. Hébert. — *A Paris, 26, rue de Bréda.*

292. + Italienne.

ROSIER (Amédée),

Né à Meaux (Seine-et-Marne). Élève de MM. Cogniet et Durand-Brager.

293. + Soleil couchant.

294. + Vue du palais des Doges.

295. + Hollande, clair de lune.

296. + Vue sur le lac d'Eau douce à Tunis.

ROSLIN (Mme Emma),

Née à Paris. Élève de MM. Cogniet et de Clinchamps. — *Rue de Chabrol, 14, à Paris.*

297. + La lettre intéressante.

ROUGET (Georges),

Né à Paris, élève de David. Méd. 2e classe 1814. Méd. 1re classe 1855. ✳ 1822. — *4, rue du marché St-Honoré, à Paris.*

298. + Scène d'inondation.

299. + L'Union fait la force.

ROYER (Dieudonné),

Né à Troyes. Élève de MM. Français et Lance-
lot. — *A Troyes, rue du Bois, 3.*

300. ✛ Le chemin du village de Belley
(Aube).

301. ✛ Le ruisseau du moulin à Chamoy
(Aube).

ROZIER (Jules),

Né à Paris. Élève de P. Delaroche et Victor Bertin.

302. + Environs de Trouville.

RUDAUX (Edmond-Adolphe),

Né à Verdun, (Meuse). Élève de M. E. Lavielle.
Paris, 64, rue de Larochefoucauld.

303. + Le péage (éventail aquarelle).

RUDDER (Louis-Henri de),

Né à Paris. Élève de Gros et de Charlet. Méd. Paris
1840, 1848. ✳. Méd. Rouen, Douai, Besançon.
— *A Paris, 12, boulevard des Invalides.*

304. ± Fleurs.

305. +Bohémienne (dessin aux 3 crayons).

RUPIN (Ernest),

Né à Brives la Gaillarde. Élève de M. Combes de Montauban. — *A Bedous (Basses-Pyrénées)*.

306. + Paysage.
307. + Les buveurs.

SAAL (Georges),

Né à Coblentz (Prusse). Méd. Paris 1866. — *Paris, 17, rue de la Rochefoucauld*.

308. + Un étang à Chamounix.
309. + Une nuit d'hiver en Laponie.

Sᵗ-JEAN (Paul),

Né à Lyon. Élève de son père. — *Paris, 12, rue Neuve Fontaine*.

310. + Panier de cerises.
311. + Fraises.

SALLÈ (Pierre),

Né à Bordeaux. Élève de Hip. Flandrin. Méd. à Lyon. — *Lyon, 44, rue Malesherbes*.

312. + Le travail.
313. + Le repos.

SALLES (Jules),

Né à Nîmes (Gard). Élève de P. Delaroche. Div. méd. — *Nîmes, 4, place St-Paul.*

314. + La prière.

315. + Pifferaro.

SALLES-WAGNER (Madame),

Née à Dresde. Élève de Claudius Jacquand. Diverses médailles. — *Nîmes, 4, place St-Paul.*

316. + Addio Térèsa.

SANS (Antoine-Eugène),

Né à Moissac (Tarn et Garonne). Élève de MM. Ingres et Flandrin. Médailles. — *A Tarbes, 6 bis, rue du Haras.*

317. + Portrait de M. Massey bienfaiteur de la ville de Tarbes.

318. + Un cavalier et son cheval. (Photo-peinture pastel.).

319. + Calèche de maître (Idem).

320. + Vulpésiennes , charge en douze temps.

SAUNIER.

Né à Paris. — *Rue Neuve, 64, à Bruxelles.*

321. ✝ Les rives du Bosphore.

SAURFELT (Léonard),

Né à Paris.

322. ✝ Un marché d'autrefois en Normandie.

SAUVAGE (Philippe),

Né à Villiers-le-Bel (Seine-et-Oise). Élève de MM.
Dupuis et Dansaert.

323. ✝ Le pot au feu.

SCHLOESSER (Carl),

Né à Darmstad. Élève de MM. Becker et T. Couture. — *Paris, 77, boulevard de Clichy.*

324. ✝ Deux bons camarades

SEBRON *(Hippolyte)*,

Né à Rouen. Élève de MM. Daguerre et Léon Cogniet. Grande médaille. ✳ Hors concours. — *Paris, 80, rue Taitbout, Cours d'Orléans, 5.*

325. + Vue genérale de Biarrits prise de la villa de S. M. l'Impératrice.

SERRES *(Antony)*,

Né à Bordeaux (Gironde). — *Paris, 7, rue Chaptal.*

326. + La Nuit de Noël.

327. + Marchand d'étoffes au XVI° siècle.

SÉRUNIER.

328. + Les rives du Bosphore.

SIMON *(François)*,

Né à Marseille. Élève de MM. Aubert et Loubon. Div. méd. — *Cours Belsunce, à Marseille.*

329. + La Nerthe, défilé.

330. + La Regalade.

SINET (Louis-René-Hippolyte),

Né à Péronne (Somme). — *Villennes près Poissy (Seine-et-Oise).*

331. + Le repos.

332. + Matinée de printemps.

STOLK (Mlle ALIDA),

Élève de St-Jean et de. Mad Puyroche-Wagner.
Paris, boulevard Malherbes, 83.

333. + Pensée près d'une tombe d'enfant.

Oh ! des fleurs que la vie a sitôt fait flétrir,
N'est il pas une terre où tout doit refleurir.
(A. DE LAMARTINE.)

La tombe dit : Ame plaintive
De chaque âme qui m'arrive
Je fais un ange du ciel.
(V. HUGO.)

TANGUY (EUGÈNE),

Né à Vannes (Morbihan). Élève de M. Gleyre. —
Paris, rue Campagne première.

334. + Intérieur breton.

TANNEUR (PHILIPPE),

Né à Marseille. Élève de M. Horace Vernet. ✱ Hors
concours. — *Paris, 4 place du Château-rouge
(Montmartre).*

335. ± Marine barque de pêcheur.

THOMAS (ADOLPHE-JEAN-LOUIS),

Né à Paris. Élève de M. Français. Médaille à Nîmes 1865.— *Paris, rue de l'ancienne Comédie, 29.*

336. + Moulin de Batigny, forêt de Compiègne.

TOURNIÉ [(CHARLES),

Né à Tarbes (Hautes-Pyrénées). Élève de M. Grenier Ysette. dem^t à Tarbes. — *A Tarbes.*

337. + Nature morte.

TOUSSAINT (LOUIS),

338. + Le premier essai.

VAN DIEGHEM,

Né à Bruxelles. Élève de Van Limputte. — *A Bruxelles, 61, rue Neuve.*

339. + Moutons.

VAN-ELVEN (P.-T.),

Né à Bruxelles. Élève de son père. — *Paris, 55, rue du Cherche-Midi.*

340. + Vue à Beauvais.

341. + Vue à Harlem (Hollande), clair de lune.

VENAT (VICTOR),

Né à Pau. Méd. Bayonne, Auch, Périgueux. —
A Pau, rue du Château, 9.

342. + Vue prise à Lasbarguères (Chalosse)
343. + Mon étable.
344. + Gueteria (cap du figuier) Espagne.

VENTADOUR (JEAN-NICOLAS),

Paris, 11, rue du Château-Montmartre) :
345. + Harnais de pierres.

VERTIN,

Né à La Haye (Hollande). Élève de l'Académie.
346. + Vue de Ville.

VEYRASSAT (JULES-JACQUES),

Né à Paris. Membre de l'Académie de Rotterdam. Méd. Paris 1866. Méd. Rouen, Toulouse,
Dijon, Niort, Bayonne, etc., etc. — *Paris, boulevard Clichy 7.*

347. + Les Ramasseurs de Moules.

VILLIERS (HENRI DE),

Né à Paris. — *Paris, 1, rue de Poissy.*
348. + Bords de la Méditerranée, à St-
Raphaël (Var).
349. + Souvenir de la Basse-Seine, près
Rouen.

VOLLIER (Victor-Nicolas),

Né à Bar-sur-Aube. Élève de MM. F. Bouchot
et Couture.

350. + L'Album.

VOLTZ,

A Paris, chez M. Schulgen, 25, rue St-Sulpice.
351. + Pâturage par un temps de pluie.

WALKER (James).

352. + Le retour de la Chasse.

WEBER (Théodore),

Né à Lepzig (Saxe). Méd. à Rouen 1866. Mentions honorables à Paris 1861, 1863. — *Paris,*
boulevard de Clichy, 21.

353. + Côte Normande près de Ault.
354. + Marine.

WILLE (Auguste de),

355. + St-Hubert.

WORMS (JULES),

Né à Paris. Élève de M. Lafosse. Médaille Paris
1867. — *Rue de Douai, 39, à Paris.*

356. + Course de Novillos dans la province
de Valence (Espagne).

Exposit. Paris, 1866.

ZAMBEAUX (LÉON),

Né à Tarbes (Htes-Pyrénées). Élève de M. Gudin.
A Tarbes.

357. + Idylle (paysage).

358. + Les dénicheurs (paysage).

359. + Le Rémouleur.

360. + Bords du Lac de Léman.

BLUM (MAURICE),

Élève de J.-L. Brown.

361. + Le repos (chasse).

SCULPTURE.

LANSON (Ernest),

Né à Orléans. Elève de l'Ecole municipale d'Orléans. 1re méd. sculpt. 1866. — *A Orléans*,
62, *rue de Bourgogne*.

362. + L'Agriculture.
363. + L'Amour s'apprêtant à lancer ses
flèches.

LÉVÈQUE (Edmond),

Né à Abbeville (Somme). — *Paris, 7, rue Neuve
Fontaine St-Georges*.

364. + Baigneuses (groupes) terre cuite.
365. + L'Amour endormi.   id.
366. + La toilette   id.

MASSON (Clovis) sculpteur,

Né à Paris. Élève de Santiago. — *Paris, 14ᵉ arrondissement, 8, impasse du Moulin Vert.*

367. + Le repos de la chasse (terre cuite).
368. + Tigre de l'Inde   id.

MEGRET (Louis-Nicolas-Adolphe),

Né à Paris. Élève de MM, Jouffroy et Duret. — *62, rue des Dames, à Paris, les Termes.*

369. + Richard Cobden (buste en marbre).
370. — Portrait de Mᵐᵉ M.   id.
371. — La Fille du poëte.   id.
372. + Concordia (statuette).
373. + Mercure et Sosie (bronzes).
374. — Portrait du Bᵒⁿ Contre-amiral Hamelin.

> Réduction du buste en marbre placé aux galeries de Versailles.

NAVATEL dit VIDAL (Manuel),

Né à Nîmes (Gard). Élève de MM. Barye et Renouard. Méd. Paris 1861 et 1863. — *Paris, 58, rue d'Enfer.*

375. + Taureau (bronze)

NEUCHÈZE (Ferdinand de),

A Libourne (Gironde), et à Pau chez M. Gorse, 6, rue Bellocq.

376. + Anguille et coquillages.
377. + Rat rongeant une noix.

St-ANGEL (Michel de),

Né à Montbreton (Gironde). — *Montbreton près Gensac (Gironde).*

378. + Une vache et son veau (bronze).
379. + Une vache broutant   id.
380. + Une vache se grattant le dos id.

SAUVAGEOT (Denis),

Né à Paris. Élève de MM. Lequesne et Toussaint. *A St-Mandé, près Paris, 6, rue Allard.*

381. + La Pêche (terre cuite).
382. + L'Amour captif (terre cuite).

PAU , IMPRIMERIE E. VIGNANCOUR.

PEINTURE

(S U P P L É M E N T).

CHIBOURG.

383. + Paysage.

384. + Paysage.

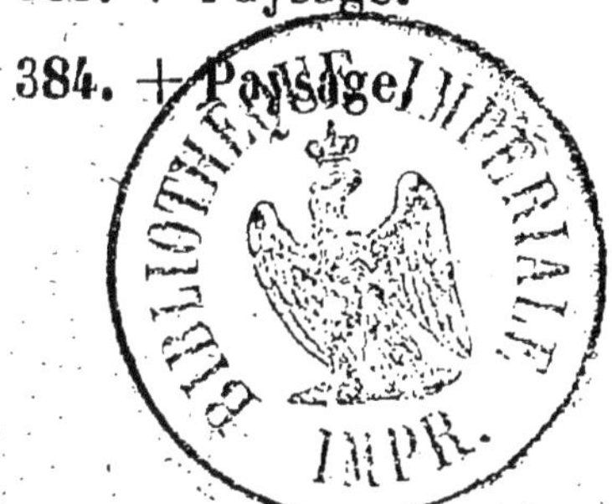

www.ingramcontent.com/pod-product-compliance
Ingram Content Group UK Ltd.
Pitfield, Milton Keynes, MK11 3LW, UK
UKHW022116070726
13613UKWH00003B/1102